GUIDE

DE RÉUSSITE

POUR

L'ÉLEVAGE

DE CAPRINS

SAINS

Série: Connaissance Caprine 4

Felicity McCullough

Édition poche

ISBN: 978-1-78165-065-3

Tableau Des Contenus

Introduction e Informations de Base

Dégagement de Responsabilité

Les caprins sont des animaux merveilleux, intelligents et affectueux. Les personnes associées aux caprins s'enrichissent dans leurs vies. Les caprins sont élevés commercialement à cause de leur viande, leur lait et leur fibre textile. Ils sont aussi gardés comme des animaux domestiques. Si vous êtes en train de considérer d'entrer dans ce monde de l'élevage de caprins, soyez le bienvenu ! Vous entrez donc aux rangs de personnes dédiées à la protection de ces créatures merveilleuses.

Voici quelques choses que vous devez garder à l'esprit quand vous vous préparez pour élever des caprins. Acquérir des connaissances à propos des caprins c'est une bonne idée avant de commencer à les garder. La plupart des gens ce sont des nouveaux introduits à l'élevage des caprins, et peut-être que vous ne savez pas ce qu'il faut faire.

Une des premières choses à savoir c'est que les caprins sont des animaux de troupe et donc on doit les tenir au moins par paires. Pensez-le, c'est un plaisir double ! Les chèvres ne prospèrent bien si elles n'ont pas de compagnie. Elles vont très bien en tant qu'accompagnées d'autres animaux et, bien sûr qu'avec les humains, cependant elles ont besoin d'autres caprins pour être complètement heureuses.

C'est un dévouement réel, ceci d'élever et prendre soin des chèvres; elles ont besoin aussi d'attention régulière. Si vous voulez voyager, vous aurez besoin de quelqu'un qui puisse les garder quand vous ne serez pas là.

Les caprins devront être soignés par un vétérinaire, à un certain point. Comme tous les animaux, ils peuvent tomber malades. Les caprins auront besoin de vaccinations et de traitement préventif des vers et parasites. Pour avoir contact avec un vétérinaire expérimenté, cherchez dans le groupe local de fermiers ou dans l'annuaire téléphonique, avec des gardiens de caprins ou des associations vétérinaires locales.

Les chèvres (femelles) peuvent vivre 12 années en moyenne. Si elles arrêtent de se reproduire à l'âge de 10 ans, alors elles peuvent vivre plus longtemps.

La reproduction en excès des chèvres est un point très important pour la longueur de leur vie. Les boucs (chèvres males) ne vivent aussi longtemps que les femelles, mais pour la reproduction vous avez besoin du meilleur bétail. Les saisons de reproduction répétées, chaque année, ayant très peu de repos et d'aliment devient reflété sur la capacité du bouc pour produire des petits d'excellente qualité.

Devenir éleveur des caprins c'est un engagement à long terme et il faut le considérer soigneusement pour que les chèvres soient bien protégées.

En achetant des caprins pour élever, il faut faire bien attention pour que la réputation du producteur soit de première classe. Faudra que l'on enquête pour vérifier les registres et l'environnement où l'on gardait les chèvres.

Les tâches quotidiennes de l'élevage de caprins encerclent l'alimentation, le coiffage et les fournir d'eau deux fois par jour, et au même temps s'assurer de maintenir les récipients et les espaces vitaux propres. Cela signifie de retirer les taches d'humidité, ainsi que le crottin des litières.

Surtout, il y a quelques tâches qu'il faudra développer régulièrement, comme le soin des sabots, le déparasitage et les vaccinations.

On fait le soin des sabots, habituellement chaque 4 à 8 semaines et cela consiste à tailler l'excès de croissance du sabot.

Le déparasitage doit être fait après un examen fécal de vers par le vétérinaire. Le lait produit par une chèvre qui vient d'être déparasitée ne doit pas être bu ou vendu jusqu'à ce que le vermifuge soit complètement dehors son organisme. Vérifiez l'information du vermifuge pour connaître la longueur d'action.

Consultez le vétérinaire pour être au courant des vaccins et maladies contre lesquelles il faut vacciner.

2. Des Races Caprines

Les chèvres ont été domestiquées depuis plusieurs siècles; et il y en a aujourd'hui plus de 300 races dans tout le monde qui sont sélectionnées pour leurs qualités d'élevage.

Plusieurs d'entre ces races sont rares. Chaque race a son apparence particulière et différents besoins. Voici, regardons deux races populaires.

Les Chèvres Pygmées

Les chèvres pygmées peuvent devenir des animaux domestiques excellents si vous avez une petite propriété. Elles sont des animaux tendres et affectueux qui adorent être frottés et griffés par leurs têtes.

Vous devrez en avoir deux lorsqu'elles ont besoin de compagnie. Elles s'entendent aussi avec les chiens et les chats. Toutefois, vous devrez faire attention puisque les chiens peuvent les blesser et les chats peuvent provoquer des infections chez les chèvres.

Les chèvres pygmées sont d'origine Africain. Elles ont été emportées aux États-Unis en les 1950s et utilisées pour se débarrasser des mauvaises herbes. Puisqu'elles sont relativement petites, sympathiques et joueuses, elles ont devenu très populaires comme animal de compagnie. Elles produisent aussi du lait et de la viande. Il faut considérer qu'elles produisent peu en générale, bien qu'elles puissent produire jusqu'à deux litres de lait par jour.

Les caprins sont des chercheurs et voudront manger toute l'herbe, de manière que le pâturage sera prêt pour le reste des animaux. Cependant, c'est possible qu'ils ravagent votre jardin si vous le permettez.

Les chèvres pygmées sont semblables aux chèvres ordinaires sauf pour leurs pattes, lesquelles sont plus robustes et courtes que les autres races.

Les chèvres pygmées ont des cornes, qui leur sont enlevés au cours des premières semaines. Ceci s'appelle écornage et il faut y appliquer un anesthésique, alors c'est fait par un vétérinaire.

Les chèvres pygmées sont régulièrement noires avec des couleurs caramel, bien que le noir y domine.

Une chèvre Pygmée entièrement développée pèse près de 32 kilos. Elles peuvent se reproduire n'importe quand dans toute l'année et produisent entre un et deux cabris qui pèsent jusqu'à 2 kilos.

Les caprins doivent être gardés dans un environnement bien ventilé.

Ils sont exigeants et ne mangeront jamais d'un récipient sale. Ils préfèrent l'eau fraîche et propre, à boire dans l'extérieur, mais ils n'en boiront jamais au cas où l'eau est froide ou gelée, donc il faudra la réchauffer.

Les caprins mangent du fourrage composé de légumineuses et d'aliment doux ou un mélange de grains. Vous pouvez le préparer, ou acheter celui qui sera approprié. C'est possible qu'ils mangent aussi un complément à base de luzerne contenant des grains fréquemment. Faites attention au poids des chèvres et réduisez-le s'ils commencent à trop grossir puisque c'est mauvais pour leur santé.

Si la nourriture tombe sur le sol ou une autre chèvre marche sur une pièce d'aliment, elles ne la mangeront plus. Si vous installez un nourrisseur, faites-le séparé du sol pour que les chèvres ne puissent pas marcher dedans.

Les chèvres pygmées sont extrêmement actives et agiles, de sorte que vous devrez les maintenir dans un espace où elles puissent jouer.

Les chèvres pygmées doivent être solidement renfermées. La clôture doit avoir, idéalement, une hauteur de 1.5 mètres pour s'assurer qu'elles ne pourront jamais échapper, et seront toujours à l'abri des prédateurs.

Afin d'éviter que les caprins dorment entre des courants d'air, il faudra installer une plate-forme sur laquelle les chèvres pourront dormir.

En tant que vous prendrais soin de deux ou plusieurs chèvres pygmées, il vous faudra un étable. Vous devrez arranger aussi un espace pour l'accouchement, si vous voulez les reproduire, ainsi que le bouc devra être séparé de la chèvre. Gardez à l'esprit que vous devrez conserver leur foyer propre facilement et à fond.

Comme le reste des caprins, les chèvres pygmées ont besoin de soins de routine.

Leurs sabots doivent être taillés tous les 4 mois.

Déparasitez les pygmées tous les six mois ou chaque année, selon ce qui indiquent les résultats des examens fécaux, à partir de l'âge de six mois.

Les chèvres pygmées doivent être vaccinées chaque année pour la plupart des maladies trouvées dans votre région. Le vétérinaire vous informera des vaccins appropriés. En tous les cas, vous devrez tenir la fourrure des pygmées bien coiffée, ce qui vous permettra de construire un lien affectueux avec elles.

Si vous remarquez l'un des changements ci-dessous, contactez le vétérinaire immédiatement :

Cesse d'être active
Est recroquevillée ou affaissée
Diarrhée
Fièvre

Perte de poids
Vers

Les caprins ont tellement besoin d'attention. Vous devrez agir au premier signe de quelque chose qui ne va pas, puisqu'elles s'affaiblissent très rapidement, vous devrez donc aller chez le vétérinaire.

Les Chèvres Nubiennes

Les chèvres Nubiennes (Anglo-Nubiennes) proviennent de l'Afrique du Nord et le Moyen Orient et par la suite se sont étendus en Angleterre. Elles sont parfaites pour la production de viande et de lait. Tous les deux Nubiens, la chèvre (près de 61 kilos) et le bouc (près de 80 kilos), sont considérés une race grande.

Pour prendre soin de vos caprins, vous devrez en avoir des connaissances. Comme tous les chèvres, les Nubiennes ont besoin de compagnie, lorsque vous en aurez besoin de plusieurs.

Ces caprins doivent avoir toujours de l'eau propre et fraîche dans un récipient nettoyé. C'est possible d'utiliser aussi un seau ou un abreuvoir, mais il faut faire attention pour qu'ils n'entrent leurs sabots dedans. Les caprins boivent normalement entre 7.5 et 19 litres d'eau par jour. S'ils habitent un espace chaud, ils boiront de plus, ce qui dépend aussi de la taille de l'animal.

Le foin de luzerne ou de graminées est bon pour l'alimentation des caprins. Il faut vérifier la qualité du foin avant de l'acheter, puisque le foin ayant de la moisissure peut provoquer des maladies chez les caprins. Si c'est nécessaire, et le vétérinaire vous l'a recommandé, vous pouvez les nourrir avec des concentrés ayant des minéraux.

Vous devrez fournir à vos chèvres Nubiennes un abri, ainsi qu'un refuge dans le pacage. Ceci doit être un abri solide pour se protéger de la pluie.

Les caprins n'aiment guère se mouiller et ils peuvent tomber malades facilement à cause de la pluie.

Si le refuge est peint d'une certaine couleur, il faudra que ce soit de la peinture non-toxique. Quand les caprins sont ennuyés, ils peuvent mordre tout ce qui les entoure.

Pour prévenir que les caprins échappent ou que des prédateurs les attaquent, vous devrez renforcer la clôture au moins à 120 centimètres du sol; et utiliser des poteaux qui ne puissent se détacher du sol, puisqu'ils aiment y pousser et se frotter contre. Toute la clôture doit être solide.

L'entretien des espaces des caprins est essentiel. Il faut que vous enleviez le crottin et changez les litières régulièrement. Tenir les espaces propres et libres de nuisibles servira à la bonne santé de vos caprins. Le crottin ancien peut être utilisé comme engrais en tant que ceci se décompose facilement.

Les soins de routine incluent : tailler les sabots tous les trois mois pour la prévention du piétin et on peut le faire à l'aide d'un coupe-bordures o des ciseaux aiguisés.

Travaillez avec le vétérinaire pour inventer un itinéraire approprié par rapport aux vaccinations et le déparasitage. Surveillez régulièrement pour des poux et des vers.

Si le climat est froid, l'eau peut devenir froide et les caprins n'aiment pas cela, il faudra alors la réchauffer.

Les mouches peuvent étendre les maladies, c'est pour cela qu'on doit les réduire à l'aide d'attrape-mouches et bandes non-toxiques bien placés hors de leur portée. Ceci est très important pour éviter des maladies et infections.

Gardez à l'esprit que vous devrez réaliser, vous-même, la plupart des activités d'entretien de ces caprins et vous apprendrez beaucoup d'eux et du vétérinaire.

3. L'hébergement Des Caprins

Les caprins ont besoin d'un parc où ils puissent se promener ainsi qu'un refuge du climat.

Quand ils sont à l'extérieur, ils en ont besoin aussi pour échapper de la pluie.

Ils ont besoin de plein d'espace pour s'exercer et jouer.

Afin qu'ils vivent confortablement, le meilleur espace pour eux c'est une région rurale, comme une ferme ou une petite propriété de ce type.

Normalement, les gouvernements locaux désapprouvent le fait que les caprins habitent dans les villes, bien qu'il y a quelques exceptions. En tant qu'ils sont considérés pour l'agriculture, c'est mieux de les tenir loin des limites des villes. Vérifiez le Conseil de votre région pour en savoir plus.

Afin que les caprins n'échappent jamais de vos limites vous aurez besoin d'un enclos pour les retenir. Ceci devra être bien renfermé. Une clôture de grillage de 120 centimètres sera le choix idéal, de cette façon ils ne pourraient pas sauter par-dessus ou se boucher la tête entre le grillage. Vérifiez que les poteaux soient bien attachés.

La clôture doit être assez solide afin que les prédateurs et même les humains soient éloignés du contact avec les caprins.

L'un des buts importants de l'enclos c'est de fournir un espace couvert pour que les caprins puissent échapper à la pluie ou la neige.

Les litières doivent être arrangées à l'intérieur de l'enclos pour que les animaux soient chauds. La meilleure option c'est la paille, mais on peut aussi y utiliser coupeaux de bois. C'est important de garder la paille libre d'humidité, puisque les caprins ont l'habitude de manger de leurs litières.

Rappelez-vous d'enlever les tâches d'humidité et le crottin tous les jours. Ceci peut devenir du compost, qui permettra avoir une autre source de revenus dans la ferme.

En utilisant des palettes sous les litières on peut les lever du sol. Une autre option pour les tenir chauds, c'est de construire une étagère pour que les caprins dorment. Si le sol est fait en béton, les litières les tiendront éloignés du béton froid ou des courants d'air qui puissent les faire tomber malades.

Ce refuge peut être un bâtiment de trois murs, avec une ouverture. Ceci est l'idéal pour des régions où le climat est plus chaud et il n'y pas de prédateurs. Cela peut marcher pour des régions où le climat et tempéré, surtout si un coupe-vent est placé à l'entrée quand le climat refroidis.

Si le refuge est peint, il faut y utiliser des peintures non-toxiques, lorsque les chèvres mâcheront tout, et la peinture peut les rendre malades.

S'il y a des prédateurs dans la région, il faudra vérifier que le refuge soit bien fermé la nuit, quoiqu'il doive être bien ventilé.

4. L'alimentation Des Caprins

Nourrir les caprins c'est une tâche très importante pour le gardien. Ils peuvent être gardés dans le pacage ou dans un enclos. S'ils sont gardés dans le pacage bien soigné, la chèvre peut y prendre déjà l'aliment dont elle a besoin.

Cela dépend des nutriments et l'énergie dont les caprins ont besoin. S'ils produisent plus, ils auront besoin de plus en termes d'alimentation. Cependant, si vous élevez des caprins pour le lait, vous devrez faire attention aux aliments pour que le lait ne soit pas gâté. Si vous apportez la nourriture au caprin, vous saurez exactement ce qu'il mange.

L'alimentation des caprins adultes normales est composée principalement de fibre, surtout de la paille. Il y en a deux tipes, la paille de légumineuse el la paille d'herbe. La paille de légumineuse emporte plus d'énergie et de nutriments que la paille d'herbe. Les nécessités alimentaires des caprins adultes qui ne produisent pas de lait sont minimales. Le mieux pour eux, c'est la paille d'herbe.

Une autre option possible c'est l'aliment commercial. Il y en a une grande quantité. Ceci peut être le choix le moins bon lorsque les caprins sont des chercheurs et préfèrent la variété.

Les caprins ont besoin de fibre pour que leur système digestif fonctionne correctement, puisqu'ils sont des ruminants et leur estomac est composé par quatre cavités. Par contre, ces aliments sont spécialement faits pour qu'ils aient tous les nutriments dont ils ont besoin. Il faut consulter l'opinion d'un vétérinaire et d'autres recommandations provenant de magasins d'alimentation locaux.

Le fait de connaître le système digestif des caprins peut vous servir à équilibrer leur alimentation, mais ce n'est pas traité sur ce guide.

Il y a quand même l'option des concentrés. Comme le nom suggère, ces produits offrent une grande quantité des nutriments et d'énergie concentrés. Ceci est seulement approprié pour des chèvres qui produisent beaucoup de lait, tel que les chèvres laitières ou les chèvres enceintes.

Les caprins aiment l'alimentation variée. On peut leur offrir une alimentation à base de fruits et légumes de saison, c'est une excellente option de tous les jours.

C'est important de faire attention au moment de choisir les fruits et légumes parce qu'il y en a quelques-unes que c'est mieux de ne pas leur offrir, tel que l'ail, l'oignon et les bananes.

Si l'on leur donne plus de nutriments de ce dont ils ont besoin, ils augmenteront de poids et souffriront les problèmes y associés. Ceux-ci incluent des problèmes d'articulation et de pattes, plusieurs desquels s'étendent au dos, faute de correction. L'excès de poids peut conduire à des difficultés au moment de l'accouchement à cause des problèmes métaboliques.

En revanche, si l'on leur donne moins d'aliment de ce dont ils ont besoin, c'est aussi un problème. Utilisez des concentrés et/ou de la paille de légumineuse s'il en faut, comme dans le cas des chèvres laitières, celles qui sont enceintes ou si leurs cabris ne se développent pas si rapidement.

C'est une bonne idée aussi d'offrir ces aliments remplis d'énergie en paquet aux boucs, pendant la saison de reproduction.

Les caprins ont besoin aussi des certaines quantités de vitamines et minéraux. Vous devriez leur donner un bloc de sel. S'il y a d'autres vitamines et minéraux qui manquent dans leur alimentation, il faut leur en offrir. Consultez le vétérinaire pour en savoir plus, selon la région où vous habitez.

L'allaitement artificiel des cabris

Parfois, la chèvre ne nourrira pas le cabri, alors il faudra que vous y interveniez. Si la chèvre est malade elle ne pourra pas nourrir le petit. En outre, le cabri pourrait être trop faible pour allaiter.

Ceci peut devenir un engagement pour vous, de le nourrir artificiellement.

Les cabris ont besoin d’être alimentés au moins quatre fois par jour, on peut réduire ceci à trois fois quand ils auront 10 jours, après cela peut réduire à deux fois à l’âge de 8 semaines et finalement à un biberon par jour avant de sevrer le cabri.

Cherchez le conseil d’un expert en caprins pour en savoir plus.

Il faut réchauffer un peu le lait pour remplir le biberon.

Vous aurez besoin aussi des serviettes au moment de nourrir le cabri. Frottez un peu de lait sur la tétine du biberon et aussi sur la gueule du cabri, pour qu'il sache qu'il y a de l'aliment pour lui.

Pensez sur votre confort, lorsque ce n'est pas possible de se précipiter quand on réalise l'alimentation artificielle.

Couvrir les yeux du cabri peut vous servir à le nourrir plus facilement. Ouvrez un peu la gueule du cabri au cas où elle est fermée. Placez la tétine dedans en tenant la langue ; puis enlevez le pouce. Pendant que vous l'alimentez, tenez le biberon vers le haut pour éviter la colique ou d'autres difficultés de santé. Si le lait goutte autour de la gueule, nettoyez avec une serviette.

Finalement, le cabri se rendra compte qu'il y a de l'aliment dans le biberon et il ne faudra plus couvrir ses yeux.

S'il n'a pas faim, ne le forcez pas à manger.

On doit sevrer les caprins entre les 3 et 6 mois après la naissance. Cela signifie qu'ils ne boiront plus d'un biberon et leur alimentation va changer.

5. L'entretien Et La Gestion Des Services

Si vous pensez de reproduire vos chèvres, il y a quelques termes que vous devez vous familiariser avec. Le bouc est le caprin mâle. La chèvre est la femelle et leur petit c'est le cabri.

Généralement, un bouc peut servir à trois chèvres.

Les chèvres peuvent avoir des jumeaux, et cela peut varier, de donner naissance entre 2 et 6 cabris en une année.

Il faut sélectionner le partenaire approprié pour que la chèvre réussisse une bonne reproduction. Quand vous casez une chèvre avec un bouc, elle peut ou non être enceinte, donc la patience est essentielle.

Les caprins ont un cycle reproductif par saison, leur fertilité dépend de la quantité de lumière des journées. Quand la lumière est décroissante entre Septembre et Mars sur l'hémisphère nord, les femelles entrent en rut.

Les chèvres sont fertiles pour une période de trois jours. Le cycle prend à peine trois semaines. C'est-à-dire que les chèvres entrent en rut toutes les trois semaines.

Les boucs sont difficiles à traiter pendant cette période. Ils deviennent plus agressifs et se bagarrent fréquemment. Ils ont aussi l'habitude d'uriner sur eux-mêmes ; c'est peut-être la raison de les considérer comme des créatures puantes.

Quand la femelle entre en rut, il y a quelques signes qui l'indiqueraient ; tels que remuer la queue, le derrière rougit, des sécrétions de mucosité du vagin, elles bêlent plus et tient à se rapprocher aux mâles.

Elles deviennent agitées et peuvent aussi monter d'autres femelles ; lorsqu'elles laissent que d'autres chèvres les montent.

Pendant cette période, ni le bouc ni la chèvre n'ont faim et la production de lait diminue.

Tout d'abord, vous devez choisir les chèvres que vous allez reproduire et vérifier si elles sont prêtes pour s'accoupler. Elles doivent être en bonne santé et dans le poids idéal, ni trop grosses ni maigres.

Aussi, vous devez identifier celles qui ont plus d'habiletés maternelles.

Puis vous devez choisir le bouc. Cherchez celui qui est un reproducteur potentiel et qui est compatible à la femelle. Cela veut dire qu'il faut bien observer à la femelle et améliorer ce qui ne va pas, selon le résultat que vous attendez.

Par exemple, les chèvres laitières seront croisées avec un bouc destiné à produire de la viande, pour que les cabris soient renvoyés à ce marché. Un autre exemple c'est pour croiser les caprins de manière qu'ils améliorent la production de lait, en termes du pourcentage de graisse du lait, ou pour augmenter la production.

Si c'est possible, vérifiez l'état et la taille des boucs, et de la part des chèvres que vous pensez accoupler avec eux, observez leur santé, qu'elles aient de bons pis et qu'elles favorisent la production de lait.

Demandez, de préférence, à un gardien de caprins expérimenté pour un deuxième avis.

À part de la reproduction naturelle, il y a l'insémination artificielle.

Sous la reproduction artificielle on peut obtenir des meilleurs résultats et peut être plus rentable. Il faut que le bouc soit compatible avec la chèvre. Si vous ne trouvez pas un bouc compatible, il faudra réaliser l'insémination artificielle.

Quelconque si on fait l'insémination artificielle, il n'y a pas de garantie de gestation.

Ceci est dû, surtout, à une erreur humaine, puisque c'est l'obligation des humains d'être attentifs aux signes que la femelle est entrée en rut et pourtant au moment parfait où l'on doit faire l'insémination. Cette période a normalement une longueur de 2 heures et c'est trop facile de la manquer. Le manque de ce créneau réduit la réussite d'insémination.

La reproduction continue d'une chèvre lui représente un grand effort. La limite normale c'est les dix ans. Si on arrête la reproduction à ce moment-là, peut être que la chèvre vive plus longtemps. Si la reproduction est prolongée, alors cela peut la conduire à la mort.

Plusieurs gardiens de caprins deviennent très chers d'eux, et les gardent comme des animaux de compagnie, quand ils ne peuvent plus se reproduire.

6. La Gestation

Quand la chèvre est enceinte, c'est ce qu'on connaît come la période de gestation, et a une durée de 5 mois ou de 150 journées.

À l'heure de l'accouchement, elles pourront avoir un cabri (o chevrette), bien que ce soient des jumeaux, des triplés, et dans quelques races c'est possible qu'elles aient des quadruplés.

Les chèvres doivent être bien nourries pendant cette période, puisque la plupart de leur énergie est épuisée au développement du fœtus.

C'est important que les producteurs fassent très attention à leur condition physique. On juge celle-ci à partir du poids, à travers l'inspection et en tâtant le corps de la chèvre et la graisse y présente. L'échelle part de 1 à 9 et l'on a adaptée de la balance utilisée dans l'industrie de bétail.

De 1 à 3 on la considère maigre, de 4 à 7 c'est l'idéal, tandis que de 8 à 9 elle est grosse. Les régions où l'on doit faire plus attention c'est la colonne vertébrale, la cage thoracique et la pointe de la queue. Sur la chèvre ayant le poids idéal, la peau aura une couche mince de graisse, en tant qu'on peut toucher les os.

Dans l'accouchement, la chèvre doit avoir une condition de 6 ou 7, ce qui servira à éviter la toxémie gravidique.

Après l'accouchement, la chèvre commencera à produire du lait. Au cours de cette période, elle perdra peut-être un point sur l'échelle de condition, mais ceci ne doit pas survenir trop rapidement.

Si vous observez que la chèvre est top mince ou trop grosse pendant la gestation, il faut y effectuer des changements alimentaires peu à peu.

Vers un mois ou un mois et demi avant l'accouchement, il faut faire un déparasitage et vacciner contre l'Enterotoxémie ainsi que pour le Tétanos. Ceci garantira que le cabri qui boive le colostrum sera protégé contre ces maladies-là.

Le colostrum est le premier lait produit après l'accouchement et c'est plein d'anticorps et de nutriments ; c'est essentiel que le cabri prenne ceci peu après la naissance.

On doit tenir les chèvres près de la ferme pour les surveiller, surtout pendant le dernier mois de gestation. C'est une bonne idée aussi d'arranger quelques enclos pour les cabris faibles ; lorsqu'ils devront être alimentés artificiellement.

7. L'accouchement

L'accouchement est le procès de la naissance.

Les chèvres s'occupent de ceci normalement sans aide. Il y a quelques inconvénients qui peuvent arriver comme une erreur de positionnement, c'est-à-dire que le bébé est en mauvaise position pour s'en sortir. Ceci demande un vétérinaire.

Il faut que vous appeliez le vétérinaire quand le bébé n'est pas né après de 30 minutes depuis la « perte des eaux », cela veut dire que la poche amniotique est rompue.

Vous devez déplacer les chèvres enceintes au nouvel espace où vous voulez qu'elles accouchent, près d'un mois en avance, pour qu'elles puissent s'y habituer. Elles doivent être séparées des boucs et l'enclos doit être propre.

Quand le moment d'accoucher arrive, le pis va se fendre dedans, et il y aura des sécrétions de colostrum. La vulve gonflera et expulsera une muqueuse jaune ; la chèvre deviendra agitée, perdra l'appétit et s'isolera du reste du troupeau.

Finalement, 24 heures avant de la naissance, les deux ligaments à chaque côté de la queue deviendront mous et presque imperceptibles.

La chèvre consomme le placenta après l'accouchement, à cause des nutriments y trouvés pour rester en bonne santé. Ceci aide aussi à remplacer le sang perdu pendant l'accouchement.

S'il y a des cas de maladie dans la ferme, il y faut prendre des mesures complémentaires.

La chèvre continuera à produire du lait jusqu'à 3 années après avoir accouché.

8. La Traite

La traite est la raison la plus commune pour laquelle on garde les chèvres. Dans cette section, on mentionnera des manières de traire, ainsi que des conseils pour offrir le lait le plus salubre à vos clients.

La Procédure

Emmenez la chèvre à l'étal de traite et rassurez sa tête, vous pouvez le faire du collier.

Offrez un seau d'aliment pour tenir son attention. Commencez avec une ½ tasse et augmentez-le tous les jours, jusqu'à ce que vous réussissiez la quantité appropriée.

Normalement cela dépend de la quantité de lait que la chèvre produit et pourtant de l'énergie dont elle a besoin.

Un des grands problèmes de la traite c'est le développement de la Mastite. La Mastite c'est l'inflammation des trayons à cause des infections.

D'après le Comité de Développement du Projet Caprin 4 – H, 25 ppm de solution d'iode ou 200 ppm de solution de chlore servent à désinfecter les trayons avant de traire.

Consultez le vétérinaire pour en savoir plus. Vérifiez que le pis soit sec et le lait ne sera pas pollué.

Avec le pouce et l'index droits, encerclez le haut du trayon, près de la mamelle. Pressez doucement mais fermement le trayon au même temps que la mamelle. Avec le doigt majeur, l'annulaire et le petit, pressez dès le plus haut pour laisser le lait écouler dans un récipient.

Examinez toujours le lait pour y trouver des anomalies comme des fils ou du sang, ce qui indiquerait la mastite.

Si le lait coule, vous auriez réussi. Sinon, essayez en réajustant les doigts. Le haut du trayon doit être serré pour que le lait descende et ne remonte pas. Vérifiez que vous pressez le trayon et la mamelle fermement.

Continuez en soutirant le lait jusqu'à ce qu'il n'y en a plus, échangez les mains, si nécessaire. Toutefois, si vous pensez qu'il y en reste plus, vous pouvez masser le pis avec la poignée et continuer.

À la fin, aspergez les ouvertures du pis avec du Bétadine, ou y utilisez une trempette approprié pour tenir les trayons sains. Cela empêche que les chèvres développent la mastite à cause de bactéries dans les ouvertures des trayons.

C'est important, pour éviter que les chèvres se couchent sur le sol sale, que vous leur offrez de la paille ou d'autre pâture une certaine durée après de les traire.

On peut passer le lait par un filtre de café ou un papier absorbant pour enlever les petites pièces comme le duvet ou d'autres particules du lait.

Vous devrez refroidir le lait et utiliser de l'eau gelée pour cela.

Le lait peut être vendu pasteurisé ou non pasteurisé, selon le marché et les règles.

Utilisez un bain-marie pour pasteuriser.

Réchauffez-le à 74° C pendant 15 secondes et replacez-le sur l'eau gelée quelques minutes.

Voici certains conseils pour obtenir un bon lot de lait de chèvre:

Conversez avec votre chèvre pendant que vous faites la traite, d'ailleurs elle y répondra positivement et produira plus de lait.

Ne le considérez pas comme un tourment et amusez-vous en tout cas.

Nourrissez votre chèvre au moment de la traire, avec de la paille en tant que celle-ci a des protéines, des grains, de la fibre et des mélanges minéraux d'accord à leurs nécessités.

On doit traire les chèvres dans un espace séparé des boucs et des cabris. Après, on peut les raccommoder dans leur enclos d'habitude. En fait, c'est mieux si l'espace de traite est séparé et réservé seulement pour cela. Les caprins adorent la routine, et ceci les rendra heureuses.

Tenez l'espace de traite propre et libre d'odeurs fortes pour que le lait n'ait pas de mauvais goût.

Afin que le lait soit frais, refroidissez-le au plus vite.

Séparez les cabris de leurs mères pour être sûr d'avoir le premier lait du jour.

9. L'entretien Et Soin Des Caprins

L'entretien quotidien des caprins consiste en les nourrir, les coiffer, le nettoyage des récipients pour l'eau et l'aliment, ainsi que l'arrangement des litières. On arrange les litières en enlevant les tâches d'humidité et d'urine et le crottin. Fréquemment, il faut quitter et remplacer les litières.

Le coiffage a un double propos. Ceci maintiendra leur peau et fourrure sains et le propriétaire aura l'opportunité de les observer de près.

Les caprins sont connus pour tomber fatalement malades vite et ce sont donc indispensables les soins de santé préventifs, aussi bien que la détection et le traitement d'affections dès le début.

Les caprins doivent être déparasités périodiquement. Regardez la section au-dessous sous le titre « Les caprins et les parasites » pour en savoir plus.

Le soin des sabots est très important. On le fait approximativement tous les 4 à 8 semaines, selon la vitesse de croissance des sabots.

La croissance des sabots de chaque caprin varie à un certain rythme. Certains poussent plus vite, d'autres poussent plus lentement. Quoi qu'il en soit, le soin des sabots ne doit pas être retardé longtemps. Ceci peut se transformer d'une tâche à une corvée.

Les caprins n'aiment guère rester debout pendant des longues périodes, alors si vous prolongez cette tâche ce serait plus difficile.

Si les sabots poussent trop, cela peut devenir difficile de marcher. La boue et d'autres pièces peuvent s'enliser entre les sabots, donc il faut que vous les nettoyiez. Autrement, ceci peut provoquer le Piétin.

C'est important de les tailler pour que les caprins puissent marcher droit et fermement sur la terre.

L'essentiel Pour Vos Chèvres

Tenez toujours une réserve d'eau propre et fraîche.

Remplacez la litière quand ce soit sale.

Tenez des cisailles à sabots et une brosse à pattes pour le soin régulier.

Offrez un ravitaillement frais de paille et aliment, pour que les caprins puissent en manger quand ils veulent.

Offrez des gâteries saines, comme des épluchures de fruit ou légume, du maïs, de l'huile noire, graines de tournesol et d'autres grains.

Protégez vos caprins des prédateurs, de chiens et d'humains en les gardant dans un enclos solide, ce qui évitera qu'ils échappent ou se fassent mal eux-mêmes ou à d'autres propriétés.

Conseils Sur Le Soin Des Caprins

Recherchez des mesures préventives de santé pour les caprins et devenez un connaisseur des soins. Achetez des livres, recherchez en ligne et joignez des forums pour entrer en contact avec un réseau d'éleveurs prospères de caprins.

Consultez plusieurs éleveurs, spécialement par rapport à vos caprins. Identifiez les vendeurs à bon marché et de bonne réputation. Apprenez des antécédents médicaux et de la vaccination antérieure des caprins avant de effectuer l'achat.

Planifiez en avance à l'achat des caprins et assurez-vous d'avoir un enclos sûr, de l'eau et de l'aliment prêts.

Les caprins aiment la routine, alors soyez consistent à la traite, à l'entretien et à l'alimentation.

Tenez un itinéraire régulier d'entretien préventif incluant le soin des sabots et de la fourrure.

Tenez la fourrure propre et coiffée.

Quoique vous faites, gardez à l'esprit que les caprins sont plus gaies quand ils sont accompagnés.

Ne les reproduisez pas trop, ou après l'âge de 10 ans. Si vous le faites, ils ne vivront pas longtemps. La moyenne de vie c'est de 12 ans, mais il y a des caprins qui vivent plus, même jusqu'à 18 ans quand ils sont bien soignés.

Rappelez-vous que l'élevage de caprins est un engagement à long terme.

Arrangez la clôture de façon qu'ils ne puissent pas s'en sortir. Les caprins sont de très bons fugueurs et agiles pour grimper, donc il faut retirer tout ce qui est près de la clôture afin que ce soit impossible d'échapper.

Les caprins aiment manger des arbres et arbustes. S'ils s'y rapprochent, vous ne les tiendrez pas longtemps. Ils les tailleront à votre place.

Ils arracheront aussi l'écorce en dévastant vos arbres.

N'offrez plus de paille de celle qu'ils mangeront. C'est une habitude d'en manger peu, et c'est mieux de ne pas les suralimenter.

Observez leur comportement d'alimentation pour établir la quantité qu'ils mangent et pour ajuster ce que vous devez leur donner.

N'ayez pas peur de vos caprins, d'ailleurs ils peuvent être agressifs en période de rut ou quand ils protègent un cabri.

La chèvre reine vous utilisera, si vous le permettez, elle cherche devenir le leader et les autres chèvres vont la suivre.

Une fois que vous vous enjouerez, elles se calmeront et agiront correctement.

Votre premier caprin devrait être une femelle (chèvre) ou un chevreau châtré. Ceux-ci sont plus faciles de traiter que les caprins mâles (boucs).

Les caprins mâles peuvent servir puisqu'ils sont des animaux curieux. Ils peuvent être agressifs avec d'autres mâles. Les mâles tiennent aussi à dégager une odeur forte laquelle vous pourriez rebuter immédiatement, lorsque la saison d'accouplement ils aspergent de l'urine en eux-mêmes pour séduire les chèvres.

Vous devrez arranger un enclos sûr pour les tenir loin des humains, des chiens et d'autres prédateurs potentiels. Cela peut vous aider d'avoir un animal gardien chez les caprins pour vous alerter de danger, tel qu'un âne.

S'il arrive une agression à vos caprins, examinez pour des blessures et comme précaution appelez le vétérinaire.

10. L'entretien Et Soin Des Cabris

Fréquemment, on reproduit les chèvres afin de produire du lait. D'ailleurs vous devrez décider ce que vous ferez des cabris, surtout des mâles. On peut les vendre comme des animaux de compagnie ou pour produire de la viande. On peut aussi les vendre ou ils sont engraissés par d'autres producteurs avant de l'abattage.

C'est un nouveau caprin qui naîtra de la chèvre (sa mère). Normalement, il ne faut que vous y interfériez parce que la chèvre et le cabri peuvent s'occuper de tout par eux-mêmes.

C'est rare que quelque chose arrive à ce moment. Cependant, c'est toujours mieux d'être préparé à l'inattendu.

Liste De Besoins Pour L'accouchement

Serviettes propres - pour sécher, et une pour le cabri, si nécessaire.

Solution d'iode (7%) - pour désinfecter le cordon ombilical.

Récipient d'embouchure ouverte - pour désinfecter le cordon ombilical.

Les ciseaux sont toujours utiles, surtout pour couper le cordon ombilical, si nécessaire.

Fil - pour couper le cordon ombilical, si nécessaire.

Désinfectant pour les mains - au cas où on doit repositionner le bébé.

Gantes longues de procédure - au cas où on doit repositionner le bébé.

Lubrifiant - au cas où on doit repositionner le bébé.

Biberon - si l'on doit faire l'alimentation artificielle.

Seau - pour y garder le placenta pour que le vétérinaire l'examine.

Vous voudriez ne pas trop intervenir dans le procès d'accouchement lorsque cela peut provoquer que la chèvre rejette le cabri.

Normalement, ensuite de la naissance, la chèvre le lèche. Ceci afin de nettoyer le nouveau-né pour enlever la membrane et stimuler la respiration.

Dans une demie heure, le cabri devra être debout et en suçant les trayons.

Intervenez seulement si quelque chose ne va pas ; par exemple, si la chèvre n'enlève pas la membrane au cours de quelques minutes. Alors vous pouvez y intervenir et l'enlever vous-même.

Si le cabri ne bouge pas dans une période considérable, séchez le cabri à l'aide d'une serviette propre vigoureusement, toujours doucement. Ceci sert à stimuler la respiration tandis qu'au pompage de sang en le maintenant chauds.

C'est essentiel de les tenir chauds et sèches et peut-être vous aurez besoin d'une lampe chauffante.

De même qu'avec un bébé humain, le cordon ombilical doit se détacher. Si cela n'arrive pas, coupez deux pièces de fil et nouez-les séparées à 2.5 centimètres l'une de l'autre au large du cordon. Utilisez des ciseaux bien aiguisés pour couper entre les noues.

Si le bébé a des difficultés pour respirer, placez une poire d'aspiration dans la gorge et sucez les secrétions et le tissu restants. Pincez une de ses narines et mettez la poire dans l'autre narine. Faites le même dans la narine contraire.

Si vous n'avez pas une poire d'aspiration, utilisez un brin de paille propre et placez-la dans les narines. Remuez le brin jusqu'à ce que le cabri éternue. Ceci doit éliminer l'excès de secrétions et de tissu des cavités.

Prenez un récipient et y versez de la solution d'iode (7%). Mettez-y le bout du cordon ombilical et couvrez l'estomac du nouveau-né d'iode.

En ce moment, le cabri doit être en train d'allaiter par lui-même. S'il a des difficultés, reculez et observez-le.

D'abord, assurez-vous que le cabri a trouvé le trayon. Ceci peut résulter plus difficile, surtout quand la chèvre a la fourrure longue.

Si vous êtes sûr que le cabri l'a trouvé, mais il vous semble qu'il ne boit pas encore le lait, prenez les trayons et pressez-les pour vérifier que le lait sorte.

Si vous ratez, il faut alimenter le cabri artificiellement.

Après une heure, le nouveau-né devra être debout et en allaitant. On ne doit pas lui en donner plus de 250 millilitres. Ensuite, permettez que la mère prenne soin de son petit. C'est essentiel que le cabri prenne le colostrum.

Si le cabri ne boit pas, il faudrait que vous collectiez le colostrum, qui est le premier lait produit par la chèvre et c'est essentiel que le cabri le prenne.

Vous pouvez geler le lait dans des bacs à glaçons et les garder dans des grands conteneurs. Au cas où vous devez alimenter artificiellement le cabri, vous ne devez que décongeler les cubes et les lui offrir.

Le colostrum est le premier lait. Ceci contient des glucides, des protéines et des nutriments immédiats nécessaires pour le cabri. Afin que le système immunitaire soit protégé, les anticorps trouvés dans le colostrum protègent le cabri jusqu'à la maturité où il peut produire les siens.

Normalement, le cabri n'aura pas de difficultés à allaiter par lui-même. En tant que cela, le cabri prendra plusieurs petites quantités de lait par des heures.

Seulement si le cabri est né faible ou malade, on devra l'alimenter quatre fois par jour avec du lait frais de chèvre, de vache ou de brebis. Ajoutez 3 cuillères à soupe de sirop de maïs au lait de vache. Ceci lorsque le lait de vache est moins graisseux que le lait de chèvre.

Comme on vient de dire, le premier lait produit est appelé le colostrum. Approximativement, après les 24 heures, la chèvre commencera à produire du lait normal.

Selon la race, la chèvre est capable de produire même 2.8 kilogrammes de lait tous les jours. Si vous vendez le lait, vous devrez séparer le cabri de la mère, sinon il le boira tout.

Il y a des producteurs qui séparent les cabris de leurs mères la nuit, c'est ainsi qu'ils obtiennent le lait du matin pour le vendre, après ils renvoient les petits aux chèvres pour qu'ils allaitent le reste du jour.

On sèvre les cabris entre les 3 et les 6 mois.

L’enclos où les cabris dormiront doit être chaud et sèche, ainsi que protégé du soleil et de la pluie et libre des courants d’air.

La paille est adéquate pour les litières. Vous devez y utiliser des matériaux qui ne se coincent pas entre la fourrure des caprins.

Utilisez une lampe chauffante si le climat est humide ou froid, pour échauffer les cabris. Assurez-vous de suivre les instructions du fabricant, surtout pour éviter des brulures dans les animaux.

Prenez un chiffon chaud et humide pour nettoyer le visage du cabri, ses oreilles et les pattes postérieures; et examinez les sabots pour des débris.

Utilisez une brosse tendre pour tenir la fourrure des cabris propre et libre d'acariens, etc.

Taillez les sabots seulement si nécessaire. Demandez de l'aide si vous en avez besoin et allez chez un gardien expérimenté ou un vétérinaire pour qu'on vous apprenne à le faire.

Le cabri peut manger de la paille d'herbe qui doit être libre d'humidité. Quelques types à utiliser sont le Bermuda ou le Timothy. Vous pouvez leur en donner à l'âge d'une semaine.

Il faudra que vous ayez un râtelier spécial ou une mangeoire juste pour eux. Ceux-ci sont faites de manière que seulement les cabris puissent l'atteindre et non pas les chèvres.

À partir des huit semaines, offrez-leur de l'aliment commercial. Ceci est désigné spécialement pour eux lorsqu'il contient les quantités appropriées de nutriments, surtout le niveau de protéines. On peut l'acheter dans des magasins d'agriculture. Suivez les instructions dans l'emballage ; offrez et changez l'aliment au fur à mesure, pour équilibrer leur régime.

Puis que les caprins peuvent se faire mal eux-mêmes ou à d'autres, c'est mieux de les décorner dès qu'ils sont petits. Le vétérinaire doit le faire, bien que dans quelques parts s'est exécuté par les mêmes gardiens.

On peut faire la castration à l'âge de quatre semaines, au plus tôt. La procédure sera exécutée par chirurgie ou à l'aide d'une bande élastique. La castration à l'élastique est la méthode la plus facile pour les débutants. On utilise la bande élastique pour encercler le scrotum, près du corps, et le presser, ce qui coupe le flux sanguin des testicules. Ce seront détachés éventuellement.

Apprenez la manière correcte de le faire d'un expert en caprins ou d'un vétérinaire.

11. L’entretien Et Soin Des Boucs

En général, c’est plus facile de soigner des caprins mâles que des femelles. Ils n’ont besoin que des soins de base, ayant aussi, peut-être, besoin des concentrés ajoutés à leur alimentation pour avoir plus d’énergie pendant la saison de reproduction.

Les boucs peuvent être difficiles de traiter, surtout pendant cette saison. Ils ont aussi l’habitude d’uriner sur eux-mêmes. Cela provoque l’odeur si particulière que les gens trouvent extrêmement désagréable.

Si vous pensez d’acheter et garder un bouc, considérez ces choses. Considérez aussi qu’il faudra avoir un enclos pour les séparer des chèvres, et comme tous les animaux, c’est nécessaire d’en avoir au moins deux. C’est peut-être mieux d'avoir un bouc et un chevreau châtré.

Les chevreaux châtrés sont des caprins mâles châtrés dès le début de leur vie.

Ces chevreaux sont, contrairement aux boucs, plus faciles de traiter, ainsi que bien considérés comme des animaux de compagnie.

Les chevreaux châtrés développent calculs urinaires, selon le moment où l'on a fait la castration. L'urètre est le tube qui connecte la vessie avec l'extérieur. Même dans les boucs ce tube est sinueux et fin. Quand le chevreau est châtré, ce tube est encore plus fin et sinueux. Ceci stimule que les calculs urinaires y coincent, en provoquant l'obstruction urinaire.

C'est spécialement important de décorner les mâles puisqu'ils tiennent à utiliser les cornes pour se donner des coups entre eux, surtout pendant la saison d'accouplement. Ils y sont plus agressifs et peuvent aussi blesser les humains, ce qui doit être découragé.

12. Troubles Courants Des Caprins Adultes

Les caprins peuvent attraper des maladies à partir des parasites, bactéries ou des virus et on peut faire la diagnose à l'aide d'analyses de sang ou d'inspection oculaire, etc. On doit les traiter d'urgence pour qu'ils puissent se rétablir très rapidement.

Le producteur joue un rôle vital dans la santé des caprins. À l'aide d'un programme des soins salubres préventifs on peut éviter les maladies.

Quelques Maladies Communes:

L'avortement

Dans les chèvres, ceci peut arriver entre la 6e et la 8e semaine de gestation. Si elles boivent de l’eau contentant de la Salmonella, cela peut la provoquer, mais il y a plusieurs raisons pour que cela arrive. La femelle doit recevoir traitement d’un vétérinaire.

L’arthrite

Chez les adultes, cela peut arriver à cause du manque de vitamines et minéraux.

L’anthrax

Le caprin a de la fièvre et ne veut plus manger, et c’est possible qu’il ne survive qu’un jour. Gardez-le séparé des autres et notifiez les autorités. Le reste du bétail doit être vacciné.

La Bronchite

Les caprins peuvent attraper la bronchite à cause d’un ver de poumon. Éliminez la poussière des aliments et y ajoutez plus d'eau (régulière ou de l'eau de mélasse).

La Tympanite

La paille de luzerne peut être la cause de la Tympanite chez les caprins. Le caprins urineront plus que d'habitude, marcheront d'une drôle façon et estampilleront les pattes furieux. Quand vous leur offrez des légumineuses, assurez-vous que la paille est sèche, comme une mesure préventive. L'huile de cacahouète dans l'aliment peut aider.

La Brucellose

Cette maladie provoquée par le *Brucella melitiensis* doit être notifiée aux autorités. Ceci provoque une vague d'avortements dans tout le bétail. Cette maladie peut aussi affecter les humains. Ce n'est pas encore apparu au Royaume-Uni.

La Campylobactériose

Une autre raison des avortements chez les chèvres. Les symptômes varient selon la bactérie responsable de l'infection.

L'Arthrite-Encéphalite Caprine

Chez les moutons, cette maladie est connue comme Maedi Visna. C'est caractérisé par une difficulté respiratoire, ainsi que des problèmes rapportés au système nerveux, ce qui affecte normalement les cabris.

La Lymphadénite Caséeuse

Cette maladie est produite d'un *Corynebacterium pseudotuberculosis*. Ceci provoque des abcès remplis de pus, spécialement autour de la gueule et la région de la tête. Si l'on les développe dedans le corps, cela peut provoquer la perte de poids ou d'autres problèmes plus graves selon la localisation. Cela infecte potentiellement les humains. On doit notifier de ces cas aux autorités.

La Chlamydiose

Les symptômes pour ceci sont la diarrhée et la pneumonie, et au cas où la chèvre soit enceinte, l'avortement. Si le cabri est déjà né, ils peuvent attraper l'arthrite. C'est possible de le traiter à l'aide de la Pénicilline.

La Coccidiose

Le caprin aura la diarrhée sanguine et sera faible - Appelez le vétérinaire.

L’Agalactie Contagieuse

Cette maladie est provoqué par le *Mycoplasma agalactiae* et c’est apparu dans plusieurs pays du Méditerranéen et le Moyen Orient. Si l’on en soupçonne, il faut notifier les autorités. L’agalactie contagieuse provoquera l’avortement et la mastite.

La Dermatite

Il y en a plusieurs types:

La Dermatite Labiale

C’est quand le résidu du lait reste dans la gueule des cabris alimentés artificiellement, ce qui provoque que la peau durcisse et y apparaissent des fissures, ceci peut être traité avec un baume spécial.

La Dermatite Labiale et Interdigitale

Ceci arrive quand les caprins mangent des jacobées ou des Azalées par exemple, ou quand ils sont attaqués par des acariens. On peut y frotter de la Lanoline ou Vaseline pour traiter la dermatite.

La Dermatite Allergique

Les piqûres de guêpe ou de moustiques peuvent la provoquer chez les caprins, et la région infectée peut être traité à l'aide d'un baume protectrice.

Des Maladies Oculaires

La Conjonctivite

La conjonctivite arrive quand les yeux des caprins entrent en contact avec l'herbe, les grains, les épines ou d'autres choses abrasives. La région de l'œil devient rouge et gonflée. Utilisez une solution saline pour la traiter.

La Kératoconjonctivite Infectieuse

Cette maladie est contagieuse. On peut regarder une sécrétion provenant de l'œil du caprin. Un lavage d'eau saline peut y servir. Utilisez des gouttes en aérosol (2 gouttes) deux fois par jour.

La Fièvre Aphteuse

Ceci peut attaquer les caprins adultes et les cabris ; les joues, les lèvres, la langue, et d'autres régions orales peuvent être affectées. Les caprins auront l'air léthargique et peut arriver que les cabris ne survivent pas. Il faudrait les isoler et notifier les autorités ; par conséquent, le bétail sera abattu.

Le Piétin

C'est une maladie contagieuse qui a l'apparence noire et c'est une infection bactériale. L'inflammation et l'humidité seront évidentes spécialement au bout de la patte et ceci provoquera la perte de poids.

La Variole Caprine

La fièvre et la congestion seront évidentes. Les caprins auront des blessures sur la peau, mais c'est commun qu'ils ne vivent pas autant. Séparez-les des autres. Vous pouvez laver les blessures avec du peroxyde d'hydrogène et de l'eau chaude, appliquez-y aussi un baume antibiotique.

La Septicémie Hémorragique

Le caprin aura des difficultés à respirer, la fièvre, la toux; et c'est possible qu'il meure. Il faut vacciner.

La Paratuberculose (Maladie de Johnes)

Cette maladie est provoqué par une bactérie appelée *Mycobacterium avium* et ses sous-espèces. Ceci occasionne la diarrhée et la perte de poids, et peut être fatale. La maladie de Johnes doit être notifiée, au Nord de l'Irlande.

La Mastite

Techniquement, ce mot signifie l'inflammation (ite) de la glande mammaire (le pis). Il y a plein de choses qui peuvent la provoquer, en incluant des bactéries et des levures. Les symptômes sont généralement localisés par un pis gonflé et chaud qui produit moins de lait. Le lait peut être gâté ; ayant du sang ou des grumeaux dedans ou être aqueux. Ceci peut occasionner la fièvre ou la mort.

La Tremblante (Scrapie)

Cette maladie neurologique est fréquemment fatale et attaque les moutons et les caprins. Cela peut être une maladie sournoise, dont les symptômes n'apparaissent que jusqu'à plusieurs mois ou d'années après. Ces symptômes incluent l'irritation, excitabilité et faiblesse des pattes postérieures. La peau devient si démangée que les pauvres animaux essayeront de le calmer en se grattant. Tout soupçon de l'existence de cette maladie, faut la notifier aux autorités.

La Toxoplasmose

La toxoplasmose provoque des avortements. Ceci est une affection à cause de zoonose, c'est-à-dire qu'elle affecte aussi les humains. L'animal le plus important dans la transmission de cette maladie est le chat.

13. Troubles Courants Des Cabris

Les cabris sont sensibles aux mêmes maladies que les adultes. Comme dans le cas des humains, les jeunes sont prédisposés à être plus faibles et tiennent à développer les maladies tout d'abord et sont plus durement affectés.

Les cabris sont nés sans immunité. Leur première immunité est passive, obtenue du colostrum de la mère. L'immunité passive signifie qu'ils auront les anticorps, qui sont des composants spéciaux rapportés à l'immunité et servent à lutter contre des micro-organismes de maladies. Ceci n'est que temporel et disparaîtront éventuellement. D'ici là, leur système immunitaire sera prêt et en marche pour lutter contre n'importe quelle invasion par lui-même. C'est le moment idéal pour les vaccinations.

Il y a quelques maladies qui semblent d'affecter particulièrement les cabris.

L'Arthrite

L'arthrite chez les cabris peut avoir son origine d'une infection du nombril. Ceci est connu aussi come Articulation III (Joint III) ou Nombril III (Navel III). Traitez avec des antibiotiques.

La Coccidiose

Le caprin souffrira de diarrhée et se sentira faible. Cette maladie est potentiellement fatale chez les cabris. Appelez le vétérinaire. Si on ne le traite pas, ceci peut provoquer des dégâts permanents des parois intestinales, ce qui peut conduire à la mort.

La Diarrhée

Ceci est un problème très commun et potentiellement fatale pour la santé ; et aussi connue comme « scours » en anglais. C'est provoqué par un certain nombre de micro-organismes et d'autres problèmes, tels que le changement soudain des habitudes alimentaires. Si le cabri y survive ou non, dépend de si l'on le tient hydraté, et de ce qui cause la diarrhée.

La Pneumonie

Les caprins ont généralement des problèmes respiratoires et les cabris sont spécialement sensibles à développer la pneumonie. C'est souvent fatal et peut les abattre rapidement.

Faites attention et traitez-le de bonne heure. Contrôlez la fièvre à l'aide de demi-aspirine de bébés. Généralement, la fièvre progresse très rapidement et le gardien peut rater les signes. Ensuite que la fièvre est passée, la température corporelle peut diminuer vite. La température corporelle sous les 37 degrés Celsius peut conduire à la mort facilement. En ce cas, c'est important d'augmenter la temperature aussitôt à l'aide des couvertures. Assurez-vous que le cabri soit hydraté.

Le Syndrome Du Chevreau Mou (Floppy Kid Syndrome)

Cette maladie est fréquente dans les cabris à l'âge de 7 à 10 jours et c'est associé à la suralimentation. Ne permettez pas que le cabri boive plus de lait et utilisez du bicarbonate ou du lait de magnésie pour vider le système du cabri et le libérer du lait ingéré en tant que cela descende l'acidité du tube digestif. Ce serait utile si vous lui donnez des antitoxines C&D.

La Maladie du Muscle Blanc

C'est une maladie à cause du manque de sélénium. Les caprins élevés dans les régions où l'on n'a pas de sélénium suffisant ou qui mangent de la paille provenant de ces régions, peuvent développer cette maladie. Ceci affaiblit les pattes postérieures du caprin. Il faut injecter du sélénium.

14. Les Vaccins Et Les Vaccinations

Un vaccin est un produit qui stimule le système immunitaire.

Il y a plusieurs types de vaccins, y compris les vaccins vivants ou atténués, les vaccins tués ou inactivés et les vaccins anatoxines.

Il y a d'autres qui sont en étage expérimental mais ne seront pas discutés sur ce rapport.

Un vaccin vivant ou atténué a des micro-organismes vivants qui provoquent une certaine maladie. Ces micro-organismes ont été modifiés, évidemment, pour qu'ils ne développent pas la maladie complète, surtout dans le cas des zoonoses. Celles-ci sont des maladies qui affectent les humains aussi. Ils tiennent à évoquer l'immunité la plus protectrice.

Un vaccin tué ou inactivé, comme le nom l'implique, contient des micro-organismes morts. C'est plus sûr de les utiliser ; bien que cela fournisse moins d'immunité, il en faudra plusieurs vaccinations. Un vaccin vivant ne doit être appliqué qu'une seule fois, tandis que l'inactivé doit être appliqué deux ou trois fois ayant une période d'un mois entre chaque vaccination.

Un vaccin anatoxine est produit d'un composé résultant des micro-organismes, au lieu du propre micro-organisme. Le plus connu de ce type est le vaccin contre le Tétanos.

Autrefois, on recommandait de vacciner les caprins tous les ans, contre toutes les maladies. Cette idée a changé récemment. Maintenant, on recommande de le faire seulement quand ce soit nécessaire.

Au présent, on sait que le corps a une capacité limitée pour répondre aux vaccins. C'est-à-dire qu'on en peut appliquer certains au même temps. Si l'on applique trop de vaccins d'un certain moment, ce serait une perte d'argent, lorsque le corps est incapable de produire des anticorps contre toutes les maladies au même temps.

C'est mieux de faire un examen de vaccination avant de l'appliquer. Ceci est un examen de sang qui mesure la quantité d'anticorps pour cette maladie dans le sang du caprin. On ne le fait pas beaucoup à cause du prix. On applique plutôt les vaccins pertinents chaque année.

Alors, contre quelles maladies doit-on vacciner ? Bonne question. Consultez le vétérinaire pour apprendre quelles maladies sont présentes dans votre région et y vaccinez en conséquence.

15. Les Caprins et les Parasites

Tous les caprins ont des vers. Ce qui est vraiment important c'est de contrôler la population et éviter que cela affecte les caprins.

Les vers nourrissent du sang ou des nutriments contenus dans les intestins. Si la population de vers échappe à tout contrôle, ils prendront trop de sang, ce qui provoquera l'anémie, ou si l'on prend trop de nutriments, il n'y en aura plus à disposition du caprin.

Ceci occasionne que le caprin soit sous-alimenté et qu'il perd du poids. Sa fourrure et sa peau auront l'air délabré et une mauvaise condition. Les caprins auront l'air malade en générale.

C'est pour cela que le déparasitage doit être effectué régulièrement. Il y a plusieurs produits pour le déparasitage au marché. Ce sera peut-être difficile de décider lequel emporter. Consultez l'avis du vétérinaire.

Depuis longtemps, on recommandait le déparasitage des caprins régulièrement lorsqu'il fallait changer de produit aussitôt. Ceci a été la cause pour que les vers aient devenu si résistants aux vermifuges. Ce principe a changé. Au présent, on recommande d'utiliser les vermifuges quand l'examen fécal l'indiquerait. Ceci est un examen qui consiste à l'observation d'un prélèvement fécal sous le microscope. Consultez le vétérinaire pour en savoir plus.

D'autres choses à faire pour tenir la population de vers au minimum, c'est de nettoyer le crottin de l'enclos des caprins, éviter l'excès de pâturage et ne tenir pas trop de caprins dans le même espace.

On dit que c'est bon d'offrir de l'ail aux caprins pour tenir la population de vers au minimum. Cependant, rappelez-vous que l'ail peut gâter le lait, et ce n'est pas viable en tous les cas.

Il y a aussi des vermifuges herbeux au marché. Comme toujours, il faut que vous consultiez le vétérinaire.

D'autres parasites qui peuvent infester vos caprins sont les poux et les puces. Ce sont des parasites plus fréquents pendant l'hiver puisque la fourrure des animaux est plus épaisse. Le meilleur traitement est la lumière du soleil, ce qui chassera ces créatures.

Vous pouvez aussi tailler la fourrure et y appliquer des shampooings médicaux pour les abattre.

16. Les Caprins Et La Loi

Les lois associées aux caprins changent tous les jours. Celles-ci dépendent, bien sûr, de votre localisation. En Bretagne, les gardiens de caprins doivent se registrer au Bureau d'Environnement, d'Aliment et des Affaires Ruraux (DEFRA en anglais), même si on les garde comme des animaux de compagnie.

En Bretagne, les lois liés aux caprins sont faites par le DEFRA. Ses politiques changent fréquemment et c'est la responsabilité du gardien de caprins d'être au courant de ces changements. Selon le DEFRA, tous les gardiens ont besoin d'un numéro de Permission de Propriété du Comté (CPH en anglais) ce qui lui identifiera au sujet des terrains et bâtiments associés à vos caprins.

Autrefois, c'était possible d'emmener les caprins se promener. Ceci n'est plus permis à cause des possibles épidémies étendues, surtout la Fièvre Aphteuse.

Au présent, toute action des caprins hors la propriété des gardiens doit être enregistrée.

C'est-à-dire que les caprins doivent être identifiés. On peut le faire en utilisant des étiquettes, et on en a besoin de deux, sauf pour les caprins destinés à l'abattage. On doit les étiqueter avec le numéro du bétail et non pas un propre.

On peut changer l'étiquette par l'identification électronique.

En Angleterre, on a consacré cinq principes aux caprins, selon l'Acte d'Agriculture de

1968 (Diverses dispositions) Sous la Section 3:

Liberté de soif, faim et malnutrition ;

Refuge approprié et confortable ;

Prévention ou diagnose rapide et traitement des blessures, maladies et d'infestations.

Liberté de crainte ; et

Liberté de comportements normaux.

17. Des Registres Et Le Dossier De Registres

C'est nécessaire de conserver de bons registres rapportés à vos caprins.

C'est important pour l'élevage de caprins. Bien que c'est obligatoire aussi dans de nombreux pays, tel que la Bretagne.

Si nécessaire, gardez tous les deux, les registres de santé et de déplacement. On peut le faire à l'ancienne, en utilisant un stylo et du papier, ou à l'aide de la technologie de pointe. N'importe quelle manière, c'est parfait. Tout cela dépend de ce que le gardien préfère.

En termes des registres de santé, on doit y enregistrer les vaccinations et les médicaments appliqués.

Vous devriez aussi noter les symptômes montrés par les caprins, ainsi que toutes les variations de température, tel que la fièvre. C'est très utile au cas où le caprin développe des maladies. Apportez ce dossier au vétérinaire pour qu'il devienne familiarisé à l'histoire de santé de l'animal.

Conformément à la loi, il faut enregistrer les naissances et les morts, ainsi que le déplacement des animaux.

Le dossier des registres n'est pas seulement pour les autorités. C'est aussi utile pour la production, et surtout au moment où l'on doit sélectionner les caprins.

Si l'on garde de bons dossiers de registres, on les met dans des graphiques et des tableaux, lorsque c'est plus facile d'observer les problèmes trouvés dans la santé particulière des caprins ; c'est aussi utile pour la comptabilité et l'analyse de dépenses en médecines ou en aliment, d'accord à la production.

18. Conclusion

Prendre soin des caprins peut être agréable; et l'élevage est devenu populaire.

L'élevage des caprins et d'autres animaux est un engagement à temps complet, bien que les caprins sont idéales pour les amoureux des animaux qui veut s'y engager.

Les caprins aiment la compagnie et ils auront toujours besoin d'être accompagnés (en plus de vous) pour les élever.

Apprendre, c'est essentiel pour devenir un éleveur prospère des caprins.

19. Resources'

Goat Lap Shop http://www.goatlapshop.com
Société Américaine de Caprin http://www.americangoatsociety.com/
Société de la Race Anglo-Nubienne http://www.anglo-nubian.org.uk/
Société Britannique de Caprin http://www.allgoats.com/breeds4.htm
L'essentiel des Caprins http://www.allgoats.com/breeds4.htm
Vidéos des Caprins http://www.goatlapshop.com/goatvideos.htm
Club de la Chèvre Pygmée http://www.pygmygoatclub.org/
Base de Données des Vétérinaires http://www.cybergoat.com/goat_vet.htm

20. Articles Et D’autres Livres De Caprins

Par Felicity McCullough

A Simple Guide To The Goat's Digestive System
(Guide Goat Knowledge 3)
Une Guide Simple Au Système Digestif du Caprin
(Guide de Connaissance Caprine 3)

Boar Goats (article)
Chèvres Sangliers (article)

Charlie And Isabella's Magical Adventure (book)
L’Aventure Magique de Charles et Isabelle (livre)

Charlie And Isabella Meet Jacob (book)
Charles et Isabelle Font La Connaissance de Jacques (livre)

Charlie And Isabella's Second Adventure With Jacob (book)
La Deuxième Aventure de Charles et Isabelle à Côté de Jacques (livre)

Charlie And Isabella's Magical Adventures Compendium (book)
Compendium Des Aventures Magiques de Charles et Isabelle (livre)
Diseases of Goats (article)
Maladies des Caprins (article)

Golden Guernsey Goats (Guide Goat Knowledge 2)
Les Chèvres Dorées de Guernsey (Guide de Connaissance Caprine 2)

How To Keep Goats Healthy (Guide Goat Knowledge 1)
Comment Tenir la Santé des Caprins (Guide de Connaissance Caprine 1)

Nigerian Dwarf Goats (article)
Les Chèvres Naines Nigériennes (article)

Nimbkar Boer Goat (article)
Les Chèvres Boer de Nimbkar (article)

Schallenberg Virus (article)
Le Virus de Schallenberg (article)

The Fun of Goats (article)
Le plaisir des Caprins (article)

21. Droits d’auteur 2012

22. Publié par:

My Lap Shop Publishers
91 Mayflower Street, Unit 222,
Plymouth, Devon, PL1 1SB
United Kingdom

Tel: +44 (0)871 560 5297

www.mylapshop.com

Première Edition Mars 2012

23. ISBN: 978-1-78165-065-3

24. Remerciements

L'éditeur veut remercier Danielle Shurskis de son soutien et son aide au sujet de la publication de cette série de livres et d'articles. Felicity remercie aussi Mme. Susan Body de ses points de vue en tant que fermière, et d'avoir révisé le contenu.

Les éditeurs voudraient remercier Ileana Covarrubias, qui a fait la traduction de ce livre au Français.

25. À propos de Felicity McCullough

Felicity McCullough a écrit plusieurs livres des soins préventifs de la santé des caprins. Le site dédié au caprin www.goatlapshop.com a une large variété de sujets et de ressources rapportés aux caprins, y compris la Série des livres d'enfants Les Aventures Magiques de Charles et Isabelle, approprié comme lecture pour l'oreiller et qui est magnifiquement illustré.

26. Dégagement de Responsabilité

Ce livre-ci n'est destiné qu'à être STRICTEMENT UN OUTIL EDUCATIF ET INFORMATIF. Les suggestions contenues dans ce matériel pourraient ne pas être appropriés pour tous les gens. On n'a pas l'intention de fournir une diagnose ou un traitement. L'auteure a obtenu ces informations depuis des ressources considérées comme fiables et de l'expérience personnelle. Même si l'auteure a mis tout son effort, il n'y a pas de garanties au sujet de l'exactitude ou l'exhaustivité des contenus dans ce travail.

L'auteure ne garantit pas l'exactitude d'aucune information ou contenu trouvés sur les sources ou les sites Web énumérés ou cités dans ce travail. En outre, l'auteure, l'éditeur et les distributeurs ne donnent jamais de conseils professionnels médicaux, juridiques, comptables ou d'autre type. Le lecteur devra toujours chercher les services des professionnels compétents qui puissent examiner sa situation particulière. La mention de tout produit, marque ou site Web N'est PAS une promotion d'un certain produit, du service ou de l'utilisation.

Le domaine médical est un terrain de recherche sans cesse, des modifications et des progrès, pourtant l'information ci-contenue doit être toujours recherchée davantage et IL FAUT CONSULTER UN VÉTÉRINAIRE OU UN AUTRE SPÉCIALISTE selon le cas.

Toute application de l'information ci-contenue est de la seule responsabilité de la personne qui effectue l'action. L'auteure, l'éditeur et les distributeurs sont particulièrement dégagés de toute responsabilité, perte ou des risques pris par les personnes, qui agissent, directement ou indirectement, sur l'information présentée ici.

Tous les lecteurs doivent accepter complètement la responsabilité de l'utilisation qu'ils font de ce matériel.

My Lap Shop Publishers

Plymouth, England

www.mylapshop.com

www.ingramcontent.com/pod-product-compliance
Ingram Content Group UK Ltd.
Pitfield, Milton Keynes, MK11 3LW, UK
UKHW020140250726
13967UKWH00002B/769

9 781781 650653